HEINZ ERHARDT

NOCH'N BUCH

Schwänke

aus heiterem Himmel

FACKEL-
TRÄGER
VERLAG

Die Deutsche Bibliothek – CIP-Einheitsaufnahme

Erhardt, Heinz:
Noch'n Buch: Schwänke aus heiterem Himmel / Heinz Erhardt. –
Hannover: Fackelträger, 1997
ISBN 3-7716-2402-9

Gesamtgestaltung und MAC-Realisation:
Büro für Buchgestaltung Bernd Kruhl, Isernhagen
Belichtung: Satz Repro Grafik GmbH, Leipzig
Druck: Messedruck GmbH, Leipzig
Printed in Germany 1997
ISBN 3-7716-2402-9

Kein Tier vermag sich *lachend* zu zeigen,
ob es nun kräht, quakt, miaut und bellt –
das Lachen ist nur dem *Menschen* eigen
und deshalb nicht von dieser Welt...

Deutschlandkarte (500 Teile)

Langkofel (1000 Teile)

Bauernhaus i. d. Schweiz

Großer Empfang (2000 Teile)

Ravensburger®

Ravensburger Puzzles für Erwachsene

500 Teile
Rund 35 Motive zu 49 x 36 cm.

500 Teile (Rondo)
Insgesamt 6 Motive mit 48,5 cm Durchmesser.

500/750/1000 Teile
Ein Puzzle-Magazin, ideal zum Aufsteigen für Puzzle-Begeisterte.

600 Teile
Insgesamt 6 Motive im Format 48,5 x 48,5 cm.

600 Teile
Insgesamt 4 beidseitig bedruckte Graphic-Puzzles im Format 48,5 x 48,5 cm.

750 Teile
Vier Gemälde-Motive im Format 39,5 x 59 cm.

800 große Teile
Insgesamt 6 Motive aus großen Kartonteilen im Format 84 x 60 cm.

1000 Teile
Rund 20 Motive im Format 70 x 50 cm.

1000 Teile (Rondo)
Rund 5 Motive im Rundschnitt mit 60 cm Durchmesser.

1500 Teile
Rund 12 Motive im Format 59 x 84 cm.

2000 Teile
Rund 7 Motive im Format 98 x 75 cm.

3000 Teile
Rund 5 tischgroße Motive im Format 121 x 80 cm; mit Ravensburger Thermofix.

Gutschein
Ich bitte um ausführliche Informationen über das Ravensburger Puzzleprogramm.

Vorname   Familienname

PLZ   Ort

Straße

37 22 15

Otto Maier Verlag Ravensburg
798 Ravensburg, Postfach 1860

Ravensburger®

Leitanweisung oder Gebrauchsfaden

für die Benutzung
des vorliegenden Buches

Wer – durch welche Umstände auch immer – in den Besitz dieses Buches gelangt, ist möglicherweise zunächst unschlüssig, was er damit anfangen soll. Darf ich deshalb im Folgenden einige Richtlinien zur Kenntnis geben?

Wer junge Kinder hat, der überlasse ihnen dieses Buch! Sie können die weißen Stellen mit Männchen bemalen oder die abgebildeten Personen ausschneiden und ihnen lustige Bärte ankleben…

Ganz kleinen Kindern mag dieses Buch als Unterlage dienen, falls ein paar Zentimeter bis zur Suppe fehlen . . .

Sollte der Tisch ein zu kurzes Bein haben: selbst zur Behebung dieses Leidens ist dies Buch geeignet – ebenfalls zur Zermalmung lästiger Kerbtiere…

Für ältere Ehepaare jedoch ist es schier unentbehrlich; denn gibt es ein besseres Wurfgeschoß? Allerdings muß der Werfer streng darauf achten, daß sich der Gegenwind während des Fluges nicht in den Seiten verfängt und dadurch die Flugbahn des Geschosses verändert oder bremst!

Aus diesen kurzen Beispielen ist ersichtlich, wie nutzbringend die lächerlichen paar Mark, die dies Druckerzeugnis gekostet hat, angelegt sind…

Und nun kommt die große Überraschung: man kann in diesem Buch auch lesen!

Das Schwarze sind die Buchstaben!

Man lese sie am zweckmäßigsten reihenweise von links nach rechts; denn wollte man es von rechts nach links tun,

.nies tkcurdeg murehsredna eis netßüm nnad

Da sich aber in Europa das Von-links-nach-rechts-lesen immer mehr eingebürgert, haben wir es bei dieser Lesart belassen.

Um einen möglichst großen Leserkreis zu erfassen, hat der Autor besondere Rücksicht auf die Diabetiker genommen; man wird das Wort *Zucker* vergeblich suchen! Auch hat er für diejenigen, die an Übergewicht leiden oder diät leben müssen, *Fett*gedrucktes vermieden!

Und nun noch eine Bitte: man lese dieses Buch nicht zu schnell! So manches Abstruse unserer schönen Sprache ginge einem sonst verloren – außerdem müßte man sich dann gar zu bald wieder ein neues Buch kaufen; und wozu das, wenn man schon eins hat…

Sollte dieses Werk wider Erwarten den Geschmack des Lesers getroffen haben, so schreibe er es mir – wenn nicht, so schreibe er es keinem – – – sollen doch die andern auch drauf reinfallen…

Die Geburt

Sie fand im Saale statt. Im Kreissaal.

Und schon war ich sauer! Merkte ich doch gleich, daß auf Erden fast alles Lug und Trug ist!

Denn wieso heißt ein Kreissaal *Kreis*saal, wenn er *viereckig* ist?!

Erst viel später lernte ich – und auch nicht in der Schule –, daß man diesen Saal mit »ß« schreibt...

Kaum hatten sich mir meine Eltern vorgestellt – ich hatte sie mir ganz anders vorgestellt – fanden sie mich »nein, wie reizend«! Dabei hatte ich kaum Haare auf dem Kopf, geschweige denn Zähne, auch war ich überall recht dick.

Kurz, ich sah aus wie jetzt! –

Bald darauf erschien Onkel Harry und fotografierte mich von sämtlichen Seiten. Besonders gelang ihm die Aufnahme, wo ich völlig entkleidet bäuchlings auf einem Bärenfell liege – wobei weder das Nackte die finanzielle Situation meines Vaters – noch das Bärenfell meine rein germanische Abstammung dokumentieren sollte...

Leider muß ich Sie um den Genuß dieses Aktfotos bringen, weil der Verlag meinte, es sei immerhin möglich, daß ein *Jugendlicher* das Buch aus Versehen kaufen, dann Anstoß an meinem Körper und damit Schaden an seiner Seele nehmen könnte! Denn, bedenken Sie: ich trug damals nicht einmal eine Brille...

An meine Brille

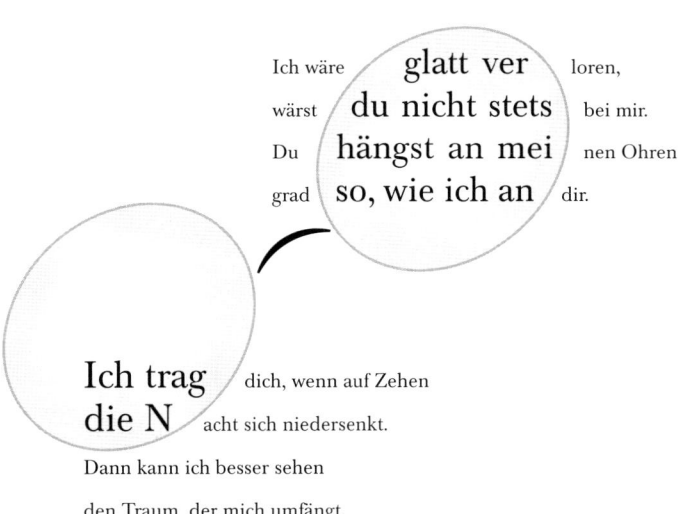

Ich wäre glatt ver loren,
wärst du nicht stets bei mir.
Du hängst an mei nen Ohren
grad so, wie ich an dir.

Ich trag dich, wenn auf Zehen
die N acht sich niedersenkt.
Dann kann ich besser sehen
den Traum, der mich umfängt.

Und wenn ich einst verschwinde

für immer, bleib bei mir.

Daß ich auch sicher finde

den Weg zur richt'gen Tür . . .

Die Eltern

Eltern bestehen in der Regel aus zwei Personen.
Es sollen allerdings auch Fälle bekanntgeworden
sein, wo der Vater unbekannt ist. Von diesen überaus *seltenen* Fällen zeugt schon die im 17. Jahrhundert entstandene deutsche Volks-, oder besser gesagt, Halbwaise:

> Zeige mir dein Muttermal,
> zeig mir deinen Vater mal ...

Nun, ich konnte mich nicht beklagen: ich hatte *drei*
Väter!
Und ebenso viele Mütter!
Diese Vielzahl an Eltern ist darauf zurückzuführen,
daß sowohl mein Vater als auch meine Mutter je-
weils dreimal verheiratet waren.
Da nun aber nicht nur sie, sondern auch die Ange-
heirateten immer wieder heirateten, so besaß ich
in den zwanziger Jahren nicht weniger als einund-
zwanzig lebende Großelternteile, nämlich elf Groß-
väter und zehn Großmütter ...
Alle Vä- und Mütter, aber auch deren Eltern
kannten sich untereinander, vertrugen sich glän-
zend und verwöhnten mich. Und das nicht nur zur
Weihnachtszeit ...
Man reichte mich ständig herum, und manchmal
reichte es mir!

12

Es bleibt unerfindlich, wie ich damals alle Angehörigen auseinanderhalten konnte – ganz abgesehen von den fast täglich neu hinzukommenden Onkels und Tanten, die man ja auch noch mit Namen anreden mußte!

Jedenfalls erinnere ich mich, eine Liste angefertigt zu haben, die ich erst aus der Tasche und dann zu Rate zog, wenn ich gar nicht mehr weiter wußte. Sie ist in den Wirren des letzten – und hoffentlich wirklich letzten – Krieges ebenso verlorengegangen wie die Mehrzahl der in ihr aufgeführten Verwandten . . .

Onkel Harry

Onkel Harry wohnte im vierten Stock, weil im dritten schon jemand anders wohnte.

Er hatte eine schöne Wohnung – mit Zimmern drin und Wänden an den Seiten.

Es grenzte aber nicht nur ein Zimmer an das andere, sondern schon fast an Wahnsinn, wie viele Bilder seine Nägel zierten. Auch schöne Radierungen hatte er – besonders in den Geschäftsbüchern, wie er oft scherzhaft zu bemerken liebte.

Von seiner Frau, meiner Tante Luise, sagte er immer, ihre Eltern hätten, als sie noch ein Baby war, sehnsüchtig darauf gewartet, daß sie endlich spräche – nun warte er ebenso sehnsüchtig darauf, daß sie endlich einmal damit aufhöre!

Alle liebten Onkel Harry, weil er humorvoll war, und unzählbar waren seine Freunde, solange er Geld besaß.

Bevor er völlig verarmt in seinem Rauchzimmer – er nannte es so, weil dort der Ofen immer so rauchte – starb, schrieb er doppelzüngig in sein Tagebuch: »Ich hatte mehr Freunde, als ich verdiente ...!«

Früheste Kindheit

Die Überschrift verbrachte ich in *Riga*, wo ich quasi zweimal zur Welt kam: am 7. Februar nach russischer und am 20. Februar nach hiesiger Zeitrechnung.

Im Datum, das muß man den Russen lassen, waren sie uns entschieden voraus!

Während in jenen Tagen Mütterchen Rußland von Väterchen Zar beherrscht wurde, wuchs *ich* ziemlich unbeherrscht auf; denn meine Eltern waren meine Großeltern.

Sie waren so gut zu mir, daß es schon wieder schlecht war! Wenn ich, Gott behüte, nur einmal nieste, mußte ich für eine Woche ins Bett, und hustete ich gar, für zwei Wochen! Schließlich war ich derart verweichlicht, daß ich nur noch nieste oder hustete – oder beides.

Trotzdem erinnere ich mich eines Tages, an dem ich nicht im Bett lag.

Er war herrlich warm, und ich tollte mit meiner Njanja – so hießen die dortigen Kindermädchen – im Garten herum, obwohl die Njanja wahrscheinlich viel lieber ruhig dagesessen hätte…

Auf der Terrasse aber saß Großmütterchen und häkelte. Oder strickte.

Sie saß auf einem Klappstühlchen, und an einem Bein (des Klappstühlchens) war unser Mops Doggi angebunden. Plötzlich mußte er eine Möpsin oder etwas in der Art auf der vorüberführenden Straße gewittert haben...! Kurz und gut – oder vielmehr gar nicht gut: er nahm einen gewaltigen Anlauf und raste mitsamt dem Klappstühlchen – aber ohne Oma – von dannen!

Großmütterchen hatte inzwischen auf den harten Steinen der Terrasse Platz genommen, worüber ich in unbändiges Lachen ausbrach – ein Beweis für meinen schon damals stark ausgeprägten Sinn für Humor... Großmütterchen hatte aber keinen! Nachdem sie sich mit Hilfe der Njanja erhoben hatte, erhielt ich die erste Ohrfeige meines Lebens – nicht ahnend, wie viele Ohrfeigen ich späterhin von anderen noch würde einstecken müssen...

Natürlich fing ich jämmerlich zu weinen an. Das wiederum rührte Großmütterchen. Sie nahm mich auf ihren ausgedehnten Schoß und drückte mein Gesicht an ihre ebensolche Brust.

Als ich mit dem Weinen nachließ und das Antlitz wieder erhob, war ich völlig schwarz: die Pailletten von Großmütterchens Kleid hatten abgefärbt...

Nun war es an Großmütterchen, herzlich zu lachen! Überhaupt zeichnete sich unser Garten durch Lachen aus – besonders nach starken Regenfällen...

Unsere Buche

Inmitten des Gartens, in dem ich im vorigen Kapitel spielte, stand eine Buche, wie sie im Buche stand.

Ob Frühling, Sommer oder Herbst – immer ließ sie was fallen, und ihr riesiges Blätterdach verdunkelte unsere Gemächer.

Mein Großpapa hätte schon längst die Buche einen Stamm kürzer machen lassen, wenn nicht die Gartenbaubehörde – sowas gabs damals auch bereits – ihn darauf aufmerksam gemacht hätte, daß besagter Baum zwar in seinem Garten, aber unter Naturschutz stehe! Sie dürfe also – selbst wenn sie nicht gefällt – nicht gefällt werden!

Onkel Harry wußte, wie immer, Rat. Er bohrte große Löcher in die Wurzel – kein Zahnarzt hätte es besser gemacht! – und goß literweise Salzsäure in die Wunden. Dann verschloß er die Löcher mit Gips und versprach, daß nun die Tage der Buche gezählt seien! –

Wir brauchten die Tage nicht zu zählen; denn noch nie zuvor hat diese Buche so schön geblüht wie in den Jahren danach!

Wahrscheinlich verdunkelt sie auch heute noch die umliegenden Räume, wenn nicht – was durchaus anzunehmen ist – die Bolschewisten sie ihrer *Krone* beraubt haben…

Ein Brief

An Frau
Coco, geb. Cucu, verw. Fips
Urwald
(wenn man reinkommt: 3. Baum links, 4. Astwerk)
– Afrika –
Papa, Mama und liebe Geschwister!
Erinnert Ihr Euch noch an den Mister,
der mich, als ich fröhlich am Aste hing,
fing? –
Das war ein Ding!
Der steckte mich einfach in einen Kasten!
Da saß ich nun drin und mußte fasten!
Dann flog und fuhr ich lange Wege – – –
und nun wohn ich hier im Freigehege.
Wir sind zu sechst. Sind ganz verträglich,
bis auf den einen, der ist unmöglich!
Der kratzt sich immer: am Arm, am Kiefer –
wahrscheinlich hat er Ungeziefer!
Ich hatte neulich 'nen Schnupfen gekriegt!
Ob das an diesem Eisbär'n liegt
da drüben?

Ihr Lieben!
Seid nicht verwundert, wenn ich schreibe,
daß ich hier nicht mehr lange bleibe!
Gewiß, das Essen ist reichlich und schmeckt!
Auch kommt kein Raubtier, das einen erschreckt!
Doch grauenhaft ist an jedem Tage
die *Menschenplage!*
Da strömen sie dann in rauhen Mengen
und gucken und schieben und stoßen und drängen!
Und wenn ich auch ganz ruhig sitze,
sie lachen bloß und machen Witze
und reden nichts wie dummes Zeuch! –
Und wie geht's Euch?

Euer Schimpi

Das Unwetter

Urahne, Großmutter, Mutter und Kind
in dumpfer Stube versammelt sind. –

Da plötzlich hört man ganz von ferne
ein leises Grollen. Mond und Sterne
verhüllen sich mit schwarzen, feuchten
Wolkenschleiern. Blitze leuchten.
Und es sind versammelt in dumpfer Stube
Urahne, Großmutter, Mutter und Bube. –

Das Gewitter kommt näher mit Donnerschlag –
und noch fünf Minuten bis Donnerstag!

Es heult der Sturm, es schwankt die Mauer,
der Regen prasselt, die Milch wird sauer –
und in dumpfer Stube – man weiß das schon –
sind Urahne, Großmutter, Mutter und Sohn.

Ein furchtbarer Krach! Ein Blitz schlägt ein!
Der Urahne hört was und sagt: »Herein« –
Die dumpfe Stube entflammt und verglimmt
mit Urhammel, Großbutter, Butter
und Zimt . . .

St. Leninburg

Man kommt ganz durchhin!

Natürlich hieß die Stadt *St. Petersburg*, aber nicht mehr lange: schon ab 1914 nannte sie sich *Petrograd*, um schließlich 1924 in *Leningrad* umgetauft zu werden – wobei ich nicht ganz sicher bin, ob bei der dort herrschenden Regierungsform die Vokabel »getauft« überhaupt am Platze ist…?

Es war im Herbst 1916, als mich meine Mutter raubte und nach Petrograd brachte, weil sie mich mit dem Stiefvater Nummro 1 bekanntmachen wollte.

Ich war sieben Jahre alt. –

Und jetzt bitte ich Sie, nicht nur die Gelegenheit, sondern auch Papier und Kugelschreiber zu ergreifen, um folgende mittelschwere Rechenaufgabe zu lösen: Ein Knabe wird 1916 sieben Jahre alt. In welchem Jahr wurde er geboren? (Lösung der Aufgabe im nächsten Buch.) –

Doch nun will ich nicht länger abschweifen und in die damalige Hauptstadt des Russischen Reiches zurückkehren.

Das erstaunlichste und sicher auch sicherste *Vermögen*, das ein Mensch besitzt, ist zweifellos das Erinnerungs*vermögen*! Und so erinnere ich mich an etwas, das – sozial betrachtet – nicht ohne Interesse sein dürfte!

Durch die Vororte Petrograds puffte damals eine mit Dampf betriebene Straßenbahn, die die anliegenden Häuser reichlich mit übelriechendem Rauch versorgte.

Die ausschließlich armen Leute dieser Gegend aber murrten nicht! Im Gegenteil! Sie hingen nicht nur an ihrer Dampfbahn, sondern auch rohe Heringe an die Fensterkreuze, um sie (die Heringe) nach mehrmaliger Vorbeifahrt der Straßenbahn frisch geräuchert zu verzehren...

Verzehrt von Heimweh durfte ich bald nach Riga zurückkehren, um dort in jenes Institut einzutreten, das sich damit beschäftigte, unschuldigen Kindern das Lesen und Rechnen beizubringen – beides Dinge, die für das Studium dieses Buches unerläßlich sind...

Wie ich wurde

Ich war ein Wunderkind; denn ich konnte schon mit sechs Jahren und einem Finger »Hänschen klein« auf dem Klavier spielen. Fürwahr erstaunlich! Als ich dann als Zehnjähriger wiederum geraubt wurde – diesmal zur Abwechslung von meinem Vater – und er mich zu seiner zweiten Frau und meiner ersten Stiefmutter nach Osnabrück brachte, wo er Kapellmeister am Stadttheater war, da erst nahmen mich die Musen
an ihren Busen
und begannen zu schmusen – –
wie es schon so schön bei dem englischen Dichter Chateaubriand heißt. (Oder hieß er Entrecôte?).
Ich begann also Gedichte zu machen, die sich sogar ab und zu hinten reimten. Bitte, hier ist so ein Frühwerk – *früh* im wahrsten Sinne des Wortes!

Wandrer am Morgen

Morgens, wenn noch alle schlafen
und noch alles liegt in Ruh,
geht der Wandrer aus dem Hause
und dem fernen Ziele zu.
Gar nichts rührt sich, gar nichts regt sich,
selbst der Wind ist noch nicht wach –
nur die frühen Lerchen singen,
und der Wandrer macht es nach…

Wie Sie sehen, befleißigte ich mich schon in jungen Jahren der *Kurzform* – nicht, weil ich ein Verfechter der Thesen »kurz und gut« oder »Kürze-Würze« war und bin, sondern einfach deshalb, weil ich an ungenügender Länge meiner Gedanken litt und leide! –

Übrigens: anhand des nun folgenden Beispiels können Sie feststellen, wie die Zeit in einem schöpferischen Menschen arbeitet, und wie der Dichter oft Jahre des Reifens benötigt, um seinem Werk *die* Gestalt zu geben, die auch die Nachwelt begeistern soll und wird!
Bitte vergleichen Sie meinen obigen »Wandrer am Morgen« mit dem vierzig Jahre später entstandenen

Wandrer am Abend

Abends, wenn schon alle schlafen
und schon alles liegt in Ruh,
geht der Wandrer aus dem Hause
und dem nahen Ziele zu.
Gar nichts rührt sich, gar nichts regt sich,
selbst der Wind schläft schon ganz fest –
nur der Wandrer in der Kneipe
singt, solange man ihn läßt.

Doch zurück zum Damals!
Plötzlich fing ich an, ernstlich Musik zu studieren und vier Stunden täglich Klavier zu üben. So war es kein Wunder, daß ich schon bald »Hänschen klein« völlig fehlerfrei mit *zwei* Fingern spielen konnte!
Mein größter Erfolg aber war »Die Schlacht bei Leipzig«! Sie ging so: ich setzte mich mit aller Kraft und dem Hinterteil auf die verschiedensten Stellen der Klaviatur, wodurch ich den Donner der Geschütze und die Einschläge der Granaten *treffend* demonstrierte!
Der Leser muß zugeben, daß ich schon damals recht *vielseitig* war...

Gedanken beim Anblick deiner Krokotasche

Ich badete im Ganges
(das ist eine Art Nil).
Im Ganges schwamm was Langes
auf Flügeln des Gesanges:
das war ein Krokodil.

Es sang: »Die alten Zedern,
die blühen weiß und rot. –
O, hätte ich doch Federn,
wär's Leben nicht so ledern –
besonders *nach* dem Tod.«

Die Schulzeit

Von ihr schweige ich lieber...
Daß ich aber elf Jahre in der Sexta gesessen und dann geheiratet hätte – nämlich die Lehrerin, ist ein Gerücht, dem ich mit aller Schärfe entgegentreten muß!!!

Nachtrag

Nachtragend – ohne nachtragend zu sein – möchte ich hier einer Episode gedenken, die mich fast das Abschlußzeugnis gekostet hätte – was furchtbar gewesen wäre, weil ich es nie gebraucht habe...

Nach langen Irrfahrten – mein Papa dirigierte ja jedes Jahr an einem anderen Stadttheater – versuchte ich schließlich die Mittlere Reife zu erlangen, was mir aber erst gelang, als ich überreif war.

Und da geschah's denn, daß ich zum dritten und letzten Mal geraubt wurde – nun wieder einmal von Mütterchen!

Mit zwie-, ja, mit fast einspältigen Gefühlen trat ich die Rückreise in meine Heimat an: sollte ich doch dort die Schule beenden!

Riga war inzwischen, unter regster Anteilnahme der ganzen Welt, zur Hauptstadt Lettlands geworden; und um alles Deutsche rigoros auszumerzen, wurde als erstes Riga in Rīga umbenannt.

Ich trat also in die Obersekunda des Deutschen Gymnasiums ein, gleichzeitig aber auch auf! Und zwar durfte ich dank meiner musischen Fähigkeiten bei festlichen Anlässen, wie Todesfällen und dergleichen, in der Aula die Große Orgel spielen!

Gelegentlich eines lettischen Staatsfeiertages, bei dem wir Deutschbalten resp. Baltendeutschen begeistert mitmachen mußten, improvisierte ich beim Einzug der Schüler in die Aula mit beiden Händen eine ernste Weise, während ich unten – mit dem Pedal – kunstvoll verwoben »Ein Paradies am Meeresstrand« von Paul Abraham, dessen Operette »Blume von Hawaii« (auf lettisch hieß sie »Havajas puke«) ich tags zuvor in der Lettischen Nationaloper gehört hatte, erklingen ließ.

Obwohl ich diese bekannte Melodie nur mit Füßen getreten hatte, bekam sie mein Lehrkörper in den falschen Hals – aber leider ins richtige Ohr, und so sollte ich denn kurzerhand relegiert werden! Mein schärfster Wider- und immer Widersacher war der sittlich entrüstete Musiklehrer!

Nur dank der Musikalität und des Humors meines Religionslehrers, der sich mit der ganzen Wucht seiner Persönlichkeit für mich einsetzte, durfte ich die Anstalt bis zum bitteren Ende auskosten…

Schöne Aussichten

Ich habe ein Fenster im Zimmer
(das Fenster, das hatt' ich schon immer),
doch lohnte es nie, zum Fenster zu gehn,
denn meine Aussicht ist gar nicht so schön:
nur eine Mietskaserne!

Doch wie ich neulich, ganz aus Versehn,
kam in die Nähe vom Fenster zu stehn,
bemerkte ich plötzlich schräg vis-à-vis
ein weibliches Wesen so schön wie noch nie!

Nun
guck ich
ziemlich
gerne . . .

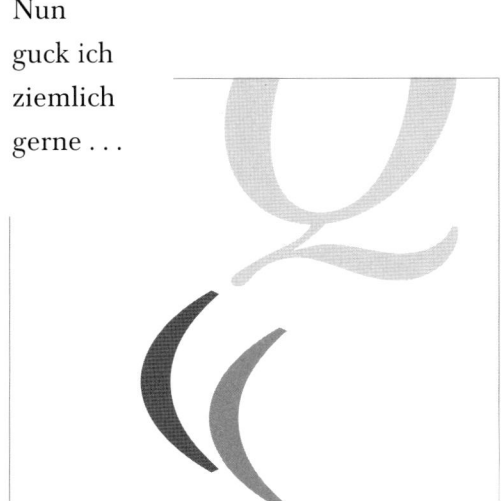

Nächtlicher Besuch

Mit zwanzig Jahren begann ich zu handeln – und zwar mit Noten und Klavieren.

Das lag nahe – das großväterliche Musikgeschäft. Nur ein paar Minuten zu Fuß – und ich befand mich inmitten hehrster Kunst, dachte ich!

In Wirklichkeit ist es völlig Wurst, ob man mit Käse handelt oder mit Musik: immer kauft man billiger ein, um teurer zu verkaufen.

Als ich diese meine rein persönliche Meinung in aller Öffentlichkeit preisgab, verhüllte mein von hanseatischem Kaufmannsgeist erfüllter Großvater sein Haupt! Er beruhigte sich erst, nachdem ich ihm eines Tages eröffnet hatte, ich würde den *Ratten*, die seit je und eh ausgerechnet den kostbaren in Leinen gebundenen Notenwerken auf den Leim gingen, zu Leibe rücken!

Die Jagdleidenschaft und eine alte Flinte hatte ich von Onkel Harry geerbt.

Er war ein Nimrod, obwohl seine Hände beim Zielen immer gewaltig zitterten – aber nicht, weil er vorm Knall Angst gehabt hätte, oder weil ihn fror – nein, weil seine Hände *immer* zitterten.

Doch wie alles sein Gutes hat, so hatte auch dieses an sich lästige Leiden lustige Vorteile: gelang es Onkel Harry doch zuweilen, durch sein Zittern eine über das normale Maß hinausgehende Streuung des Schrotes zu erzielen. Manchmal fühlten sich durch *einen* Schuß – und das ist keine Ente! – gleich drei bis vier Exemplare dieses Geflügels getroffen und gingen gleichzeitig zu Boden…

Ich aber ging in den Keller, holte die Flinte und begab mich eines Sonntagabends ins Geschäft…

Es muß ungefähr Mitternacht gewesen sein – ich hatte kaum ein paar Stunden bequem in Großvaters Lehnstuhl, den ich seinem Büro entlehnt hatte, gesessen – als plötzlich die Tür mir gegenüber sich zu öffnen schien und ein langer, gepflegter Vollbart eintrat – mit einem älteren Herrn dran.

»Ges-tatten Sie«, sagte der Vollbart, »mein Name ist *Johannes Brahms!* – S-töre ich?«

»Aber nicht im geringsten, verehrter Meister! Weder stören Sie mich, noch stört mich Ihr Hamburger Dialekt!« rief ich aus.

»Ach, hören Sie mir bloß mit Hamburg auf! Diese S-tadt hat sich bis jetzt recht undankbar gezeigt: kein Platz, keine Brücke ist nach mir benannt worden! Nur so eine müde Allee, in die kaum ein Mensch kommt – – – «

»Das kommt vielleicht daher«, wagte ich einzuwenden, »weil Sie, statt Ihre *Heimatstadt* zu besingen, lieber *Ungarische Tänze* komponiert haben! – Sehen Sie, Ihr Kollege Rimskij-Korsakow zum Beispiel, der Ihnen nicht das Wasser der Newa oder eines anderen russischen Flusses reichen kann und mit Hamburg nicht das entfernteste zu tun hat – dazu lebte er viel zu entfernt – widmete immerhin Ihrer Stadt seinen berühmten *Hummel*flug!«

»*Mors!*« knurrte Brahms, »da mögen Sie in etwa recht haben, junger Mann! – Aber eine Frage hätte ich noch: wie verkauft sich eigentlich mein Wiegenlied *Guten Abend, gut Nacht?*«

»Das von Mozart verkauft sich besser!« erwiderte ich wahrheitsgemäß, worauf er, angewidert sein mächtiges Haupt schüttelnd, murmelte: »Natürlich! Weil da ein Prinzchen vorkommt.« Und langsam und völlig löste er sich in Nichts auf…

Auch ich war völlig aufgelöst! – Aber nicht lange!! Denn schon wieder wurde die Tür aufgerissen, und ziemlich abgerissen stürzte – wahrhaftiger Gott! – *Ludwig van Beethoven* herein!

»Na, noch so spät auf?« fragte ich etwas vorlaut. Aber obwohl scheinbar anwesend, war er anscheinend abwesend! Er kritzelte Noten in sein Notizbuch und summte eine Melodie, die ich nicht kannte. Dabei war sie von Beethoven…!

»Was wird denn das, wenn es fertig ist?« wollte ich wissen. Er beachtete mich jedoch nicht – bis es mir wie Schuppen von den Haaren fiel: er kann ja nicht *hören*, der Arme! Und mit solch schlechtem Gehör komponiert er so gute Sachen!

Und unsere zeitgenössischen Komponisten hören so *gut!* Und...

Während ich diesen Gedanken noch weiter ausspann, spannte Beethoven seinen Regenschirm auf, flog durchs Fenster und genau dem Mondschein entgegen, wo ihn schon seine Sonate erwartete...

Ich saß inzwischen erwartungsvoll da und dachte, wer kommt nu?!

Und da kam einer, den ich am wenigsten hier erwartet hätte – nämlich Goethe!!

Was wollte Goethe in einem Musikgeschäft, er, der von Musik genausoviel verstand wie ein Igel vom Zähneputzen? Weiß Gott, er paßte hierher, wie der *Faust* aufs Auge...

»Guten Abend, Herr Geheimrat!« sagte ich höflich.

»Nun, auch Sie verwechseln mich leider! Ich bin Hauptmann!«

»Ach so! Aber wenn Sie in Zivil sind, kann man das nicht so sehen!«

»Sie irren abermals! Ich bin *Gerhart Hauptmann!**

Ich bin hergekommen – vor Sonnenaufgang natürlich – um meine unartigen Kinder zur Ordnung zu

---

* Vergl. Hauptmann Gerhart (Seite 85)

rufen! Sie haben, wie ich hörte, in Ihrem Geschäft viel Unheil angerichtet, *die Ratten*?«

»Jawohl, Herr Hauptmann!«

»Na, dann will ich mal mit ihnen reden! Im Keller unten!«

Während er langsam versank, als wollte er es seiner »Versunkenen Glocke« gleichtun, versank auch ich – in einen tiefen, jetzt traumlosen Schlaf, aus dem mich erst die Glocke der Registrierkasse erweckte ...

Eine verfahrene Geschichte

Ich sah dich in der Straßenbahn,
sah dich von allen Seiten an,
doch du, mein Schatz, du machtest dir nichts draus!
Ich bot dir meinen Sitzplatz an,
weil ich ja auch mal stehen kann,
doch du, du sagtest »danke« und stiegst aus!

Dies »danke«, oh, gab mir den Rest …
Du bist's, die mich nicht schlafen läßt!

Nun fahr ich mit der Straßenbahn,
wann immer ich nur fahren kann,
doch leider, Schätzchen, treffe ich dich nie!
Mich fragte schon die Schaffnerin,
ob ich wohl nicht bei Troste bin,
doch was, ich bitte Sie, versteht denn die?

Vor Kummer bin ich schon ganz dumm …
Vielleicht ist's besser, ich steig um?

Nun fahr ich mit dem Autobus,
wann immer ich nur fahren muß,
doch leider werd ich deiner nicht gewahr!
Bist du am Ende gar erkrankt?
Vielleicht verreist? Bist du in Sankt
Maurice, läufst Ski und abends in die Bar?

Werd ich nicht bald *verrückt* vor Qual,
dann bin ich wirklich nicht *normal!*

Windmühlen

Schon seit den Tagen Don Quichotte's
gibt's Windmühlen; doch leidergotts
sind sie, wie es so manchmal geht,
fast überall vom Wind verweht.
Man sieht sie äußerst selten drum,
und wenn, dann stehn sie nur herum.
Sie werden zwar noch gern *gemalt;*
doch *mahlen* macht sich nicht bezahlt!
Wer kauft noch *Mehl*, wenn morgens man
sich fert'ge Brötchen kaufen kann?
Auch alle übrigen Gebäcke
kriegt man beim Bäcker um die Ecke.

Drum mache man, ob Greis, ob Kind,
um Windmühlen nicht so viel Wind!

Baltische Aufforderung*

Schatzchen  Komm mit mir auf Wiese,

Sonnchen strahlt und Blume sprießt

Übern Arm nimm Schirm und Mantel,

falls der Fall kommt, daß es gießt

Unter uns wird Mantel liegen,

unterm Schirm, da werden wir

Keiner kann dann nichts was hören,

was ich sag – und was du mir ...

* Geeignet ab 18

Die Rolle

Ich sitze nicht gern im Zug! Sofort bekomme ich einen steifen Nacken – besonders an der Stelle, wo mein Schalk sitzt...

Aber ich sitze gern im Eisenbahnzug.

Als erstes lege ich meine paar Beine auf den vis-à-vis Sitz, sofern er nicht bereits hinterrücks besetzt wurde, dann meine Stirn in Falten und denke nach. Aber meine Gedanken sind ebenso flüchtiger Natur wie die, die draußen vorbeisaust.

Manchmal lese ich auch ein gutes Buch – also nicht dieses – oder schwanke breitbeinig, wie man es bei der Marine lernte, in den Speisewagen, obgleich er eigentlich *Speisen*wagen heißen müßte, weil ja meist *mehrere* Speisen angeboten werden. Ich suche zuerst mir eine aus und dann einen Anknüpfungspunkt, um mit meinem Gegenüber ins Gespräch zu kommen; denn nichts ist mir unlieber, als eine durch kluge Gespräche ungewürzte Mahlzeit einzunehmen. Meist gelingt es mir, den Tischpartner für mich einzunehmen – es ist aber auch schon vorgekommen, daß er auf mein »Guten Appetit« antwortete: »Vielen Dank! Jedoch geht es Sie im Grunde genommen so gut wie fast wenig an, ob ich einen guten Appetit habe oder nicht! Kümmere ich mich etwa um *Ihren* Appetit?« Also – wenn mir so etwas widerfährt, bleibe ich *äußerlich* ruhig, aber *innerlich* schlage ich die Hände überm Kopf zusammen!

Mit zusammengebissenen Zähnen stecke ich die nächstbeste Kartoffel in den Mund und schlucke sie – gemeinsam mit der mir angetanen Kränkung – herunter, wo sie (die Kartoffel) dann beginnt, den Weg allen Fleisches zu gehen...

Und damit bin ich zwar noch nicht am Ziel meiner Reise, wohl aber beim Thema angelangt. –

In der Geschichte, die ich hier aufrollen möchte, spielt eine Rolle eine Rolle!

Ich rollte – es war 1933, in *dem* Jahr, in dem wir mit *heil*machen anfingen, was dann ab 1939 langsam wieder *kaputt*ging – ich rollte also im Speise(n)-wagen des Zuges Berlin–Rīga durch Litauen. Wir hatten vor kurzem bei Tilsit die Grenze passiert, ohne daß was Bemerkenswertes passiert wäre, als ein Herr mir gegenüber Platz nahm mit einer Miene, als sei gerade einer auf sie getreten, und sie habe vergessen zu explodieren.

Beim Eintreffen seiner Suppe wünschte ich ihm routinegemäß »Guten Appetit«, worauf er mich anmurmelte: »Danke, der ist mir vergangen!« Mein »Warum denn?« ließ er unbeachtet.

Es verstrich einige Zeit – ich war schon beim Käse – ehe wir wieder ins Gespräch kamen, und ich erfuhr, daß er Geflügelhändler sei. Nun machte ich einen kleinen Witz, indem ich meinte, dann seien wir ja Berufskollegen, denn auch ich handle mit Geflügeln – allerdings nicht mit Hühnern und Gänsen, wohl aber mit Bechstein und Blüthner.

Er blieb ernst wie die litauische Landschaft, die an uns vorüberkroch. Schließlich fragte ich ihn, wie schwer eigentlich ein Truthahn werden könne und was ein Pfund koste? »Zwanzig Mark!« erwiederte er. Vor Erstaunen verhedderte sich der Tilsiter in meinen Zähnen. »So teuer? Das ist doch nicht möglich!« »Doch! – Glauben Sie mir«, fuhr der Herr fort und sich gleichzeitig durchs Haar, »ich hatte zweihundert Pfund bei mir!« »Um Himmelswillen«, rief ich aus, »das sind ja mindestens zwanzig Truthähne, wenn man pro Truthahn zehn Pfund rechnet! Konnten Sie denn die alle tragen?« »Ach was«, flüsterte der Geflügelhändler, »ich meine natürlich zweihundert *englische* Pfund, die mich zweihundert mal zwanzig, also viertausend Mark gekostet hatten!« »Nun verstehe ich«, warf ich a tempo ein und die Käserinde aus dem Fenster, »Sie wollten Devisen – – – !« »Pst, Feind hört mit! Sie wissen ja, wie streng die Zöllner und ihre Bräuche sind!« »Wem sagen Sie das«, entgegnete ich errötend; denn auch mein Gewissen war unrein, wie ein Kind vor dem Bad am Samstagabend!

Nun nahm mein Gegenüber den Daumen aus der Nase, dann einen Schluck aus dem Bierglas und endlich wieder das Wort, indem er erzählte: »Kurz vor der Grenze ging ich auf die Toilette und auf die kleine Rolle zu, die in diesem Raum eine so große spielt. Ich rollte sie fast völlig ab und dann wieder auf, eine Pfundnote nach der anderen fein säuberlich in sie hineinlegend – und damit auch die Devisenkontrolleure, wie ich glaubte. Nachdem ich die gesamten zweihundert Scheine auf diese an sich empfehlenswerte Weise unsichtbar gemacht hatte, suchte ich das Weite und mein Abteil auf. Hier harrte ich in Ruhe der Dinge, beziehungsweise der Zöllner, die nun kommen würden.

Sie kamen auch, sahen und gingen…

Kaum hatte sie der Zug ausgespieen und sich wieder in Bewegung gesetzt, tat ich dasselbe. – Ich betrat den stillen Raum – – –

Sie können sich mein grenzenloses Entsetzen vorstellen, als ich feststellen mußte, daß mit dem Grenzwechsel auch ein Rollenwechsel stattgefunden hatte! Die reichsdeutsche Rolle mit meinen Pfunden und dem Aufdruck GARANTIERT 400 BLATT war weg – dafür hing da eine litauische, die mich unbeschriftet und inhaltslos anstierte…

Nun werden Sie sicher verstehen, weshalb ich keinen rechten Appetit habe, nicht wahr?«

Einladungen

In Deutschland wird die Moral immer großgeschrieben – auch aus sittlichen Gründen. Hauptsächlich aber wegen der Rechtschreibung, die dir befiehlt, Hauptworte, auch wenn sie dir unwichtig erscheinen, stets groß zu schreiben. In meiner Heimat jedoch war es *ganz* schlimm! Nie wäre es dir möglich gewesen, *allein* mit einem Mädchen ins Kaffee, Kino oder gar zum Tanzen zu gehen, ohne daß ihr tags darauf als verlobt galtet. Und das war gefährlich!

Um nun heiratsfähige Töchter trotzdem an den vorsichtigen Mann zu bringen, wurdest du als Junggeselle oft und gern von töchterhabenden Familien nach Hause eingeladen. Da es eine Menge derartiger Familien gab, mußtest du fast täglich woanders hin…

Manchmal war es sogar ganz gemütlich – besonders dann, wenn der »Schwiegerpapa« gern einen trank und nun froh war, in dir einen Kumpel gefunden zu haben. Nach dem Abendessen, wo dir von der Mama die Vorzüge der betreffenden Tochter aufs Butterbrot geschmiert wurden, gingst du mit dem Hausherrn in sein Allerheiligstes, und dort kipptet ihr einen köstlichen Wodka nach dem andern herunter.

Nach dem zehnten Schnaps taute selbst der eiskälteste Vater auf und meinte etwas lallend, seine

46

Tochter sei gar nicht so besonders – sondern ganz im Gegenteil! Und seine Frau erst – o je! Er sei damals auch so einge- und dann verladen worden, und er habe einen Fehler gemacht usw. usw.

Nachdem du zu später Stunde – aber noch nicht *zu* spät – den Damen des Hauses sämtliche Hände geküßt und vor lauter Wodka nicht mehr wußtest, falls mehrere Töchter anwesend waren, *welcher* du vorhin eigentlich den Hof gemacht hattest, verschwandest du gesättigt und »satt« auf Nimmerwiedersehen...

Nun, es gab auch Familien mit zahlreichen Töchtern, die dem Alkohol abhold waren. Da du aber rechtzeitig von deinen Freunden, die da schon mal zu Gast sein mußten, gewarnt wurdest, nahmst du eine Flasche mit, indem du sie wohlverwahrt in deine Manteltasche stecktest.

Während des Abendbrots täuschtest du leichtes Unwohlsein vor und gingst – jegliche Begleitung strikt ablehnend – dorthin, wo dein Mantel hing. Dort zogst du die Flasche heraus und dich dann zurück...

Schon nach ein paar Minuten kamst du in weit besserer Stimmung wieder; denn nun konntest du dich – dich auf deine Magenverstimmung berufend – weigern, den zähen Rehrücken, der dir ebenso hartnäckig auf der Zunge gelegen hatte wie die Bemerkung, du müßtest wohl ein Stück vom Geweih erwischt haben, zu Ende zu essen! Und beim Kompott, von dem die Hausfrau stolz berichtete, sie habe es persönlich eingeweckt – worauf du dir den Einwurf nicht verkneifen konntest, es sei schade, daß sie es wieder persönlich aufgeweckt habe – stattetest du abermals deiner Flasche einen nun etwas längeren Besuch ab.

Sie dankte es dir, indem sie die Stunden schneller verstreichen und deine rhetorischen Fähigkeiten in so hellem Licht erstrahlen ließ, daß deine »Zukünftige« in ebensolches Entzücken ausbrach...

Und beim Abschiednehmen passierte es dann, daß deine »Schwiegermutter« allen Ernstes zu dir sagte: »Sehen Sie, mein Lieber, es ging auch ohne Alkohol!«

Worauf auch du gingst und nie wieder eingeladen wurdest, weil man in irgendeiner Ecke deine leere Flasche gefunden hatte...

Bei dieser Gelegenheit möchte ich betonen, daß ich die Frau, mit der ich mich wirklich verlobte – dann sogar auch noch heiratete, und die mir so nach und nach vier Kinder schenkte, daß ich also diese Frau nicht im Suff, sondern im Fahrstuhl kennenlernte.

Wir stiegen gleichzeitig im Paterre ein und drück-
ten – welch Zufall! – beide auf dasselbe Knöpfchen.
Und – unsere gemeinsame Fahrt nach oben ist, so
hoffen wir, noch nicht beendet...

Das Dings

Mitten in Ägyptens Wüste

steht ein riesengoßes Dings,

hinten Löwe, vorne Dame,

jeder weiß: das ist die Sphinx.

Sehnsuchtsvoll in Richtung

Westen

schaut sie steinernen Gesichts.

Würde sie nach  Osten

gucken,

wär's egal: auch da ist nichts . . .

Zu wenig

Ich kenne keine Beine,
die schöner wär'n als deine,
und ich bedaure fast,
daß du nur zweie hast…

Der Tauchenichts

(FREI NACH SCHILLERS »TAUCHER«)

»Wer wagt es, Knappersmann oder Ritt,
zu schlunden in diesen Tauch?
Einen güldenen Becher habe ich mit,
den werf ich jetzt in des Meeres Bauch!
Wer ihn mir bringt, ihr Mannen und Knaben,
der soll meine Tochter zum Weibe haben!«

        Der Becher flog.
        Der Strudel zog
        ihn hinab ins greuliche Tief.
        Die Männer schauten,
        weil sie sich grauten,
        weg. – Und abermals der König rief:

»Wer wagt es, Knippersmann oder Ratt,
zu schlauchen in diesen Tund?
Wer's wagt – das erklär ich an Eidesstatt –
darf küssen mein's Töchterleins Mund!
Darf heiraten sie und mein Land verwalten!
Und auch den Becher darf er behalten!«

Da schlichen die Mannen
und Knappen von dannen.
Bald waren sie alle verschwunden – – –
Sie wußten verläßlich:
die Tochter ist gräßlich! –
Der Becher liegt heute noch unten ...

1941/1942

Am 16. November 1941 zog ich aus; denn man zog mich ein!

Eigentlich sollte ich schon im September einrükken, aber es gelang mir, wieder auszurücken – und das kam so!

Als der Gestellungsbefehl mit der ersten Post eintraf, ging ich unbehenden Fußes zum zuständigen Wehrbezirkskommando in Berlin-Halensee. Man fragte mich, ob ich Tiere möge. »Natürlich«, sagte ich, »hauptsächlich Katzen und Hunde!« Und wie es mit den Pferden sei? »Aber sicher«, antwortete ich unsicher; denn mit Pferden hatte ich bislang nichts zu tun gehabt.

»Gut! Dann also Bespannte Schwere Artillerie in Küstrin!«

Na, Sie können sich ja denken, wie mir zu Mute war ...

An einem herrlichen Septembertag morgens um fünf nahm ich Abschied von Weib und Kind, dann mein Pappköfferchen, darauf mich zusammen und schlich mannhaft zur S-Bahn.

Je näher der befohlene Versammlungsplatz heranrückte, desto mehr Väter, Mütter, Schwestern, Brüder, Bräute und Ehefrauen stiegen in Begleitung ihrer einrückenden Helden zu. Wir mußten richtig zusammenrücken!

Mit dem Pappkarton in der Hand und mehreren Klößen im Hals betrat ich betreten den bewußten Platz, und schon wurde ich von einem Wald- oder Wiesenwebel – es kann aber auch ein Feldwebel gewesen sein – angeschrieen, wo ich denn hinwolle!!??!!

Erst zuckte ich am *ganzen* Körper zusammen, dann bloß mit der Schulter und zeigte ihm die Einladung, die mit den Worten begann: Sie haben sich usw. usw. »Der große Haufen da rechts!« brüllte der Webel, und ich wankte davon.

Da ich von Hause aus recht schüchtern bin, stellte ich mich ganz bescheiden ans äußerste Ende des »Haufens« und wartete. – Plötzlich stand wie aus dem Boden gestampft ein Leutnant vor uns und befahl: »Abzählen!«

Das klappte eigentlich schon ganz nett; bloß die Nummer dreizehn war abergläubisch und rief: »Zwölf a!«

Ich war der dreiundsiebzigste und, wie gesagt, der Letzte. Kaum hatte ich meine Zahl heraus, als der Leutnant rief: »Die letzten drei wegtreten! Ich brauche nur siebzig!« Nie werde ich den traurigen Blick der Nummer Dreizehn vergessen – hatte ihm doch der dumme, dumme Aberglaube nichts geholfen…

Wie ich nach Hause kam, weiß ich nicht mehr, ich weiß nur, daß ich zum ersten Mal in meinem Leben einen Kopfstand machte, der sogar auf Anhieb gelang, und daß meine Frau mich lange ansah – erst ent-, dann begeistert!

Am gleichen Abend stand ich wieder strahlend auf der Bühne des Kabaretts der Komiker und hatte zehn Hervorrufe – was mich nicht weiter verwunderte, ist doch zehn die Quersumme von dreiundsiebzig…

Aber schon im Oktober kam der nächste Gestellungsbefehl – diesmal mit der zweiten Post.

Und wieder begab ich mich zum Wehrbezirkskommando. Mit dem festen Vorsatz, Pferde, ja auch Hunde und Katzen völlig abzulehnen, betrat ich es.

»Treiben Sie Sport?« lautete diesmal die Frage. Schlau, wie ich nun einmal bin, antwortete ich: »Nein, überhaupt nicht!« »Können Sie radfahren?« Nun, das war meine große Leidenschaft – also sagte ich: »Jawoll!«

»Schön! Dann kommen Sie zu den Radfahrern nach Brandenburg!«

Mir war auch nicht viel wohler als das erste Mal…

Wieder war es fünf Uhr morgens, als Pappi mit der Pappschachtel loszuckelte. Diesmal nahm ich die U-Bahn…

Ein riesiger Kasernenhof verschluckte mich, und wieder umzingelten mich wehklagend fremde Angehörige, aber – und das war mir ebenso fremd – kein Dienstgrad schrie mich an! Im Gegenteil! Man fragte mich freundlich, wohin es mich zöge, worauf ich – wie gehabt – den bekannten Schein vorwies. »Nach links, bitte, da, wo der kleine Haufen steht!« Aha, dachte ich beim Anblick der paar Radfahrer, es scheint doch nicht so viele davon zu geben, wie allgemein behauptet wird…

Ich gesellte mich also zu ihnen.

Plötzlich steuerte ein Offizier auf uns zu und musterte uns leutseligen Auges. Als sein Auge – ich glaube, es war das rechte – auf mir zu ruhen geruhte, stutzte er und trat auf mich zu: »Sind Sie nicht dieser Klavierhumorist, über den ich noch gestern im Kabarett der Komiker so herzlich gelacht habe?« »Jawohl!« erwiderte ich, so gut es mir die Klöße im Halse gestatteten. »Machen Sie, daß Sie wegkommen!« flüsterte er mir zu, drehte sich um und ging.

Und ich auch. Was heißt, ich ging? Ich rannte und rannte…! Selbst ein Radfahrer hätte Mühe gehabt, mich einzuholen…

Ausgerechnet am 11. 11. mußte ich wieder zum Wehrbezirkskommando. »Diesmal aber«, sprach ich zu mir, »bist du nicht so dumm! Weder kannst du radfahren, noch bist du tierlieb, kurz, du kannst und bist gar nichts!«

So gerüstet betrat ich die mir schon liebgewordenen Räume...

Der Wehrbezirkskommandant begrüßte mich, als seien wir Freunde: »Na, mein Lieber, hat es das letzte Mal wieder nicht geklappt?« »Nein, leider!« »Nun, man hört ja so allerhand von Ihnen! Kabarett der Komiker und so! Was machen Sie da eigentlich?« »Ich singe Chansons und begleite mich selbst am Klavier.« »So, Sie können klavierspielen? Das ist ja großartig! Das Musikkorps der Kriegsmarine in Stralsund sucht einen Klavierspieler. Für was die den brauchen, weiß ich nicht! Die werden doch nicht, wenn sie durch die Stadt marschieren, ein Klavier vornewegschieben?! Ha-ha-ha! Ist ja auch egal! Hätten Sie Lust?!«

Na und ob! Und so kam ich als Nichtschwimmer und Brillenträger zur Marine...!

Weihnachten 1944

(ALS ICH KEINEN URLAUB BEKAM)

Wenn es in der Welt dezembert
und der Mond wie ein Kamembert
gelblich rund, mit etwas Schimmel
angetan, am Winterhimmel
heimwärts zu den Seinen irrt
und der Tag stets kürzer wird –
sozusagen wird zum Kurztag –
dann hat's Christkindlein Geburtstag!

Ach, wie ist man dann vergnügt,
wenn man einen Urlaub kriegt.
Andrerseits, wie ist man traurig,
wenn es heißt: »Nein, da bedaur' ich!«
Also greift man dann entweder
zu dem Blei oder der Feder
und schreibt schleunigst auf Papier
ein Gedicht, wie dieses hier:

Die Berge, die Meere, den Geist und das Leben
hat Gott zum Geschenk uns gemacht;
doch uns auch den Frieden, den Frieden zu geben,
das hat er nicht fertiggebracht!
Wir tasten und irren, vergehen und werden,
wir kämpfen mal so und mal so...
Vielleicht gibt's doch richtigen Frieden auf Erden?
Vielleicht grade jetzt? – – Aber wo?...

Querschnitt durch Verdi

Othello war schwarz wie ein Mohr
und ziemlich klug – obwohl Tenor –
und lebte nicht ganz ledig
in Venedig.
Doch eines Tags sah er *Aida*
und sprach zu sich: »Wer ist denn die da?
Die ist mein Typ – die wär mein Fall so!«
Na also!
Doch hat ihr Vater *Rigoletto*
für sie 'nen andern Mann in petto:
Don Carlos hieß der Mann in spe.
Olé!
Sie aber liebte einen Dritten.
Den brauchte sie nicht lang zu bitten,
den *Rhadames*; denn der war nur
Troubadour!
Doch der sang seine Serenatas
viel lieber vor dem Haus *Traviatas!*
Sie lauschte ihm auf dem Balkone
mit »ohne«.

Vielleicht hat er zu oft gesungen –
egal, sie kriegte kalte Lungen;
und, von dem Nachtwind angepustet,
hat sie dem Rhadi was gehustet.
Da sagte sich der Liebessänger:
»Die steckt mich an! Ich sing nicht länger!«
Und er verließ die Kranke.
Na danke! –
Aida aber und Othello
entleibten sich – das ging ganz schnell, o! –
in Verona.
Aida wegen Rhadames,
Othello wegen Madame *Des-*
demona …

Ausdrücke

Während der Rekrutenzeit machten auf mich die größten Eindrücke die Ausdrücke meiner Ausbilder, von denen ich einige hier den heutigen Ausbildern der Bundeswehr (mit besonderer Berücksichtigung der Bundes*marine*) kostenlos zur Verfügung stellen möchte:

a. Leute mit abstehenden Ohren klar zum Segeln!
b. Sie dämlicher Bock!
c. Die zum Sterben Abkommandierten zum Särgeempfang antreten!
d. Sie Sch . . . hauslurch!
e. Sie Giftzahn!
f. Sie vollgerotzte Seemannspfeife!

Diese so überaus humorigen Redewendungen (in erster Linie b, d und e) sind auch für den zivilen Sektor durchaus brauchbar und besonders solchen Autofahrern zu empfehlen, denen die allgemein gebräuchliche Floskel »Du Idiot« zu abgedroschen erscheint...

Die kleinen Elefanten

EIN KLEINES MÄRCHEN

Es war einmal ein großer Feldherr. Er lebte vor über zweitausend Jahren in Karthago und hatte um sein Haus einen riesigen Zaun gezogen, von dem er ab und zu einen Krieg brach. Seine berühmtesten Kriege waren die Punischen, die überall panischen Schrecken verbreiteten.

Eines schönen Tages nun versammelte er riesige Elefanten mit einer ebenso riesigen Streitmacht um sich und stach ins Mittelmeer. Er wollte in Italien sein *Augenleiden* kurieren: war ihm doch Rom schon seit langem ein *Dorn im Auge!*

Er muß wohl ungenaue Landkarten gehabt haben: statt in Italien landete er in Spanien. Da er aber schon mal da war, eroberte er es. Er war, wie gesagt, ein großer Feldherr.

Schließlich kam er an ein ziemlich großes Gebirge. »Aha«, sagte er sich, »die Alpen!« Aber nein, es waren bloß die Pyrenäen. »Das macht nichts«, sprach er, »dann betrachte ich eben die Pyrenäen als Generalprobe für die Alpen!«

Sie gelang vortrefflich, was eigentlich kein gutes Omen war ...

Endlich erreichte er den Montblanc. Angesichts dessen fiel ihm ein, daß er seinen Füllhalter vergessen hatte und nun seiner Frau keine Ansichtskarte schreiben konnte.

Ohne besondere Unfälle schlängelte er sich mit Mann und Maus resp. Mann und Elefant mal aufwärts, mal abwärts – aber hauptsächlich vorwärts…

Mag es nun daran gelegen haben, daß die riesigen Elefanten vor den noch riesigeren Bergen Hemmungen bekamen, weil sie in dieser Umgebung so klein wirkten – welch Grund es auch immer gewesen sein mag: sie begannen, sich leise aus dem Staube zu machen!

Als der große Feldherr den Po erreichte, setzte er sich vor Schreck auf denselben; denn 96 von 102% seiner Elefanten waren verschwunden! . . . Inzwischen hatten sich die geflohenen Tiere in Gletscherspalten oder hinter Felsen versteckt und kamen erst wieder hervor, als die Luft rein war. Und hier oben war sie immer rein – aber auch sehr dünn. Und das war es eben!

Es kann nur an der dünnen Luft und vielleicht auch an der ständigen Kälte gelegen haben, daß die *Nachkommen* der zurückgebliebenen Elefanten auch im Wuchs zurückblieben!

Sie wurden im Laufe der Jahrtausende immer kleiner und kleiner, bis sie schließ- und endlich nur die »Größe« einer Mücke erreichten. Daher stammt sicher auch der Ausspruch »aus der Mücke einen Elefanten machen«.

Außerdem nahmen diese possierlichen Tierchen allmählich eine schneeweiße Schutzfarbe an, so daß sie vom ewigen Eis und Schnee nicht mehr zu unterscheiden waren.

Das ist wohl auch mit ein Grund, weshalb die kleinen Elefanten noch nie einer gesehen hat...

Verrat

Spinne, Spinne, spinne du
ruhig weiter, ich schau zu.
Bald kommt eine Fliege dann,
die sich nicht befreien kann,
saugst ihr Blut aus, Glied für Glied.
Wünsch dir guten Appetit!

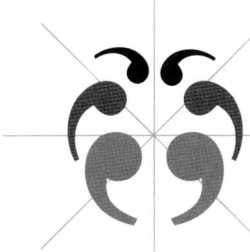

Fliege, Fliege, fliege nur
ruhig weiter durch den Flur.
Doch *die* Ecke mußt du meiden,
willst du nicht entsetzlich leiden,
denn dort hängt ein Spinnennetz!
Böse, Spinne, daß ich petz'?

Rezept

Besitzt du Senkfüße, schluck Pillen,
und du bist platt: sie helfen gleich!

Auch gegen sonstige Bazillen
gebrauch nicht Fenchel und Kamillen!
Vergiß das Zeugs um Himmelswillen!

Des Menschen *Pille* ist sein Himmelreich!

Versuch einer Conférence

Eine gute Conférence soll aus drei Teilen bestehen, wenn sie bestehen soll: nämlich aus dem ersten, dem zweiten und dem dritten Teil!

Bei einer Konferenz ist es so ähnlich, nur ganz anders; denn es ist kein Geheimnis, daß zwischen einer Konferenz und einer Conférence eine große Kluft klafft: während bei einer Konferenz meistens nichts herauskommt, kommt nach einer Conférence immer etwas heraus – und zwar der oder die, den oder die man gerade conférièrt hat!

Lassen Sie mich bitte im folgenden eine Conférence – als Muster ohne Wert – vorführen!

Meine Damen und Herren! Ich heiße nicht nur Fritz Dämlich, sondern Sie auch herzlich willkommen!

Nachdem ich mich hier auf der Bühne versammelt habe, habe ich zunächst ein kleines Bedürfnis: ich möchte nämlich etwas fallen lassen – und zwar die Bemerkung, daß es leichter ist, den Mund zu halten, als eine Rede! Aber es wandelt mich die Lust an, Ihnen recht herzlich dafür zu danken, daß Sie sich hier teils nieder- teils herabgelassen haben, um das gelassen an sich vorüberziehen zu lassen, was wir hier oben vom Stapel zu lassen die niedrige Stirn haben! Gewiß, wir könnten es auch lassen – aber lassen wir das! Lassen Sie uns lieber den

Abend genießen, Genossen – nein – genießen, genossen wir doch selten einen so schönen!

Sie haben's gut! Sie können sich hersetzen und sich von Ihren Sorgen absetzen – aber wir hier oben müssen uns einsetzen, damit wir uns durchsetzen und Sie nicht entsetzen!!!

Wir wollen heute ausnahmsweise mit dem Anfang beginnen, obwohl ein *Anfang* immer *schrecklich* ist! Schon Madame Plissee, die Vielfältige, sprach vom »Anfang terrible«! –

Eigentlich wollte ich heute persönlich hier erscheinen, nun kam ich aber selbst. Ich sagte mir, daß tagtäglich überall in der Welt soviel Unnützes hergestellt wird, da könne ich mich auch mal herstellen!

Nun müssen Sie sich aber vorstellen: ich komme direkt von der Riviera! Man spricht immer vom »teuren Vaterland« – aber, das können Sie mir glauben, *da* ist es noch viel teurer!

Das Meer dort ist allerdings herrlich! Es reicht genau bis zum Ufer! Das Dumme ist nur: dicke Rohre ragen ins Meer hinein. Sie sind dazu da, die Abwässer der umliegenden Hotels abzuleiten.

Wenn man nun am nächsten Morgen baden geht, trifft man immer alte Bekannte – – –

Nun ja, deshalb heißt die Gegend dort auch »Kot d'Azur«.

Berge sind *auch* erhebend!

Wenn im Winter der Schnee so rumliegt – was soll er auch anderes machen? – und man ganz, ganz oben steht mit Schneeschuhen unter den Sandalen und dann die – verzeihen Sie mir das folgende Wort – Piste hinabsaust – herrlich!

Nun war ich ja damals nicht allein in den Bergen: eine bekannte Freundin von mir war mit von der Partie.

Sie war ein nettes Ding – bloß ein bißchen dünn! Ein typisches Dünn-Format war sie! Unter uns gesagt, sie sah aus wie eine Hundehütte: in jeder Ecke ein Knochen …

Wie ich also lossauste, rief sie mir nach: »Hals- und Beinbruch!« Aber ich bin ja nicht verrückt! Ich tue doch nicht das, was *sie* will – und da habe ich mir den *Arm* gebrochen …

Und ich breche jetzt auch – nämlich was ab, und zwar meiner Rede kurzen Sinn! Denn nun wird eine Künstlerin diese Bühne bevölkern, eine Tänzerin, die Sie alle vom Schallfunk und von der Rundplatte her kennen: es ist Adelaide Pimpelfors!

Was für eine Sängerin das hohe C ist, ist für eine Tänzerin der große Zeh!

Und ich geh!

Adjee! (ab)

Tänzerin tritt auf

73

Mary and Liza

Es waren mal zwei Königinnen,
ganz gut von Wuchs und stolz von Sinnen;
doch leider konnten sich die beiden
von Hause aus nicht so recht leiden.

Sie nannten sich zwar meistens »Schwester«,
doch schuld am Krach war ein Lord Lester!
Sie liebten ihn und litten seelisch. –
Die war katho-, die evangelisch. –

Und eines regenfeuchten Tages,
da sagte Liza: »Ich ertrag es
nicht länger, daß die Mary mir
den Lord wegschnappt! Ich zeig es ihr!
Ich will, daß man sie gleich verhafte!!«
Worauf man sie in'n Kerker schaffte…

Dort saß die Mary viele Wochen,
hat nichts gegessen, nichts gesprochen –
drum freute sie sich ungemein,
als Liza schrieb: »Mein Schwesterlein,
wir wollen unsern Stunk vergessen!
Ich hol dich morgen ab zum Essen!«

Und so geschah's, daß nach dem Lunch
die beiden, wie fast jeder Mensch,
sich gern etwas im Park ergingen.
Sie unterhielten sich von Dingen,
die intressant von Schwes- zu Schwester…
Doch fiel kein Wort über Lord Lester,
bis plötzlich Mary sich vergaß
und rief: »Du bist ein Rabenaas!
Ein Scheusal und ein Mistpaket… !«
Was Liza nicht gefallen tät!
»Ich unternehme neue Schritte!«
so schrie sie und ging durch die Mitte
ab!
Knapp
sechs Wochen drauf bestieg, o Gott,
die arme Mary das Schafott!
Verlor den Kopf, den sie zuvor
in Lizas Park schon mal verlor…

Heimliche Liebe

Wenn ich 'ne kleine Fliege wär,
dann hätte ich es nicht so schwer:
Ich würd' mich – ohn' dich zu verletzen –
auf deine roten Lippen setzen.
Und würdest du – ohn' Überlegung –
durch eine kurze Handbewegung
mich kleines Ding verscheuchen wollen –
ich flöge fort, ohn' dir zu grollen.
Und fragt mich meine Frau, die Süße:
»Wieso hast du so rote Füße?«,
dann würd' ich rot auch im Gesicht –
doch dich verraten – – –
würd' ich nicht …

Theater, Film, Fernsehen

Man hat Theater, die erfreuen sich fiskalischer Un-
terstützung – man hat aber auch Theater, die
erfreuen das Publikum. Diese sind äußerst selten,
meist in privater Hand und haben schwer zu kämpfen, sofern sie nicht wenigstens einer Organisation
angeschlossen sind, was aber ausgeschlossen ist,
wenn das Stück, das sie spielen – wie traurig – zu
lustig ist! –
Man unterscheidet zwei Arten von Theaterleitern:
solche, die es wirklich sind, und solche, die es gern
sein möchten. Letztere überwiegen bei weitem,
obwohl gerade *sie* der Überzeugung sind, sie wären
es…
Auch die Darsteller zerfallen in zwei Teile: in einen,
der von der Schauspielschule und in den anderen,
der vom Kabarett kommt.
Die Darsteller des ersten Teils besitzen oft keine
Persönlichkeit und vermögen deshalb leicht in die
Haut der darzustellenden Person hineinzuschlüp-
fen; die Kabarettisten dagegen können aus ihrer
Haut nicht heraus und spielen aus diesem Grunde
meist nur sich selbst. Sie sind von den »gelernten«
Kollegen nicht so gern gesehen wie vom *Publikum*,
was wohl daran liegt, daß der Theaterbesucher für
gewisse Nuancen eine Nase hat, die nicht auf den
Kopf gefallen ist! –

Mindestens ebenso wichtig am Theater wie die Platzanweiser – ich meine hier nicht die Regisseure – sind zweifelsohne die Kritiker! Sie sind fürwahr bedauernswerte Geschöpfe; denn sie sind ganz auf sich gestellt und dürfen nicht – wie normale Theaterbesucher – andere nach ihrer Meinung fragen. Im stillen Kämmerlein tippen sie ihre Rezensionen in die Schreibmaschine, und es kommt nicht selten vor, daß sie – ähnlich wie beim Lotto – danebentippen ... So schrieb beispielsweise Ende des vorigen Jahrhunderts ein berühmter Wiener Musikkritiker (Name und Anschrift sind bekannt) gelegentlich der Uraufführung von Puccinis »La Bohème«, er gäbe dieser Oper noch drei Aufführungen – dann wäre sie vergessen! Man bedenke! Andererseits meinte er über Meyerbeers »Afrikanerin«, dieses Werk werde auch noch das nächste Jahrhundert überleben!

Dabei wird diese Oper nicht einmal mehr in Afrika gespielt.

Ja, ja – es gibt kaum etwas, womit man soviel Theater hat – wie mit dem Theater ...

Aber auch mit dem Film!

Kaum hatte ich das zarte Alter von 46 Jahren erreicht, als man mich auch schon entdeckte – und zwar auf einer winzigen Bühne in einem witzigen Stück.

Das Publikum scharte sich in Scharen um das Geschehen, aber, wie ich später erfuhr, weniger meinetwegen, als wegen einer bedeutend jüngeren Kollegin, die es meisterhaft verstand, ihre Rolle vor allem zu *verkörpern!*

Hauptsächlich die Filmproduzenten, die ja immer auf der Jagd nach jungen Talenten – besonders, wenn sie weiblichen Geschlechts sind – sind, eilten in rauhen Massen herbei, um den Maßen der Künstlerin nachzuspüren…

Schließlich aber kam einer dieser Herren nicht nur ins Theater, sondern auch auf die Idee, daß eigentlich *ich* den Maßen der Breitwand eher entspräche!

Also – und das spricht für den Fachmann! – bot er mir für ein Filmvorhaben, das nach einem Drama eines gewissen Franz Grillparzer gedreht werden sollte, eine der Hauptrollen an mit der Bemerkung, er habe an den Autor wegen der Vergebung der Filmrechte bereits geschrieben…

»Vergebung«, sagte ich, »aber Grillparzer ist meines Wissens seit langem tot!«

»Oh«, meinte der Produzent, »deshalb hat er wohl auch nicht geantwortet!«…

So fiel dieses Projekt leider ebenso ins Wasser wie in Grillparzers Stück die Leander, welche ja mehrmals nächtens die Dardanellen durchschwamm, nur, um die Kerze ihres Hero auszupusten! Meine Hoffnung, jemals zum Film zu kommen, wähnte ich ebenfalls als erloschen...

Aber nein! Schon nach ganz kurzer Zeit stand ich in einem richtigen Filmatelier, von einem richtigen Filmregisseur geleitet, zum ersten Mal vor einer richtigen Filmkamera!

Mit namhaften Kollegen, die ich normalerweise nie anzusprechen gewagt hätte, war ich plötzlich »per du«, ohne daß meine Hochachtung vor ihnen »perdü« gegangen wäre...

Wir waren ein unzertrennliches Team – was den Produzenten, wenn er uns alle zusammensah, regelmäßig bewog, sprachgewandt, aber auch etwas besorgt, auszurufen: »Team is money!«

Nun, wir alle waren vom Erfolg des Films überzeugt, und erst bei der festlichen Uraufführung wurde deutlich, wieviel Time wir für dieses Machwerk unnötig verplempert hatten, und was da alles an guten Pointen auf Geheiß des Produzenten herausgeschnitten worden war, bloß, weil er sie bei der Vor-Vorführung nicht verstanden hatte!

Nee, nee – auch mit dem Film hat man Theater...

Während man auf der Filmleinwand manchmal einen drei Meter großen Kopf hat, wird man auf dem Bildschirm zum Pygmäen!

Aber vielleicht ist es gerade die Kleinheit, die im Fernsehzuschauer teils väter-, teils mütterliche Gefühle auslöst, sofern ihm der Darsteller sympathisch ist. Er sagt sich: »Gott, ist der Kleine nüdlich – – und so hülflos! – Oh, wie nett er eben gezwinkert hat – – – und nun ist er böse, wie ein Großer, ha-ha-ha!«

Anders ist es, wenn der Betrachter lieber ein Fußball-Länderspiel erleben oder einen wissenschaftlichen Vortrag, etwa über das Thema »Elementare Elemente der hyperphosphären Rekonvaleszenz«, hören möchte. Und nun kommst du Däumling mit deinem Gequatsche!

Oder einer hat Krach mit seiner vierten Frau und möchte sich nun bei Tschaikowskis Fünfter ausweinen… Stattdessen erscheinst *du* und reißt Possen!

Das eben ist die große Gefahr, der du als »Fernsehstar« ausgesetzt bist: du gerätst leicht an die falsche Adresse!

Im Kino dagegen sieht dich nur der, der dich sehen *will* – aber wer geht heute schon noch ins Kino?!!! …

Der Teller

EINE BALLADE

Zu Ostern in Hersfeld die Mutter spricht:
»Bald ist es Zeit fürs Festtagsgericht.
Drum geh, meine Tochter, hinab in den Keller
und füll mit Sauerkraut hier diesen Teller!«
»O Mutter, o Mutter, o laß mich nicht gehn!
Man hat eine Mörderbande gesehn,
die grad aus dem Zuchthaus entkommen!«
»Auch ich hab's der Presse entnommen!
Doch sei ruhig, bleibe ruhig, mein Kindl,
in vielen Blättern steht meistens nur Schwindl!«
»O Mutter, o Mutter, mir träumte neulich
von einem Mann…! Der Traum war abscheulich!
O, laß uns den Keller vergessen!
Woll'n wir was anderes essen!«
»Mein Kind, mein Kind, ich seh es genau,
du kommst in die Jahre, wirst langsam Frau,
siehst überall Männer, die lauern…
geh, hol von dem Kraut, von dem sauern!«

Der Tochter grauset's; sie steiget hinab,
hinab in den Keller, der dunkel wie's Grab!
»O, gehe nicht weiter!« die Treppe knarrt es…
Da stößt die Tochter auf was Hartes!

Und wie sie so fühlt, fühlt sie eine Wange
mit Ohren dran – – – Sie schreit – doch nicht lange;
denn schon zieht einer von der Bande
den spitzen Dolch aus dem Gewande
und bohrt ein Loch durch ihre Kehle!
Und aus dieser Öffnung entflieht ihre Seele…
Auch der Teller zerbricht – – – war echt Porzellan!

O Mutter, o Mutter, was hast du getan?!?

Hauptmann Gerhart

AUS EINER BIOGRAVIEH

Gerhart hatte sich vom Musketier zum großen Tier emporgedient und eiferte so seinem Vater nach, der als General mitgeholfen hatte, den Krieg 70/71 *siegreich* zu beenden; eine Leistung, die in den späteren Kriegen unseren Generalen nicht mehr so recht gelingen wollte.

Gerhart brachte es bis zum Hauptmann.

Schließlich wurde er noch einmal befördert – und zwar an die frische Luft.

Und hier, in freier Natur, hub er an zu dichten.

Diese Tätigkeit fiel ihm nicht schwer, weil er Goethe sehr ähnlich sah*.

Wenn trotzdem zwischen den Schriften dieser beiden Großen eine Kluft klafft, so deswegen, weil Gerhart mit der *Schreibmaschine* seine Werke schrieb, während Goethe mit einem *Federkiel* fürlieb nehmen mußte.

---

* Vgl. den Aufsatz: Nächtlicher Besuch (Seite 32)

85

Der Anruf

Neulich rief ein Herr bei mir an – und dann noch telefonisch! – und sagte: »Ich soll Sie im Auftrag des Fernsehens fragen, ob Sie Lust hätten, alle zwei Wochen zehn Minuten lang im Fernsehen zu plaudern?!« Worauf ich die Stirn hatte, sie zu runzeln, und antwortete: »Alle zwei Wochen zehn Minuten? Geht es nicht vielleicht alle zehn Wochen zwei Minuten?« »Aber, Sie haben doch nicht etwa Angst? Was fällt Ihnen ein?« »Ja, das ist es eben! Was fällt *mir* schon ein? Es ist gar nicht so einfach, zehn Minuten lang über etwas zu plaudern, was keinen Menschen interessiert!« »Sie sollen ja über ein *interessantes* Thema plaudern – und zwar über das Fernsehprogramm!« »Ach, du grüne Neune! Über das Fernsehprogramm soll ich plaudern? Lohnt es denn überhaupt, über sowas Worte zu verlieren?« Ich sah direkt, wie der Herr seine Faust fletschte. Aber ruhig sprach er weiter: »Sie sollen über das Programm sprechen, das im Fernsehen bereits gesendet worden ist!« »Ach so! Über das soll ich sprechen, was *war!* Ja, lieber Herr, gern! Aber was *war* denn schon im Fernsehen?«

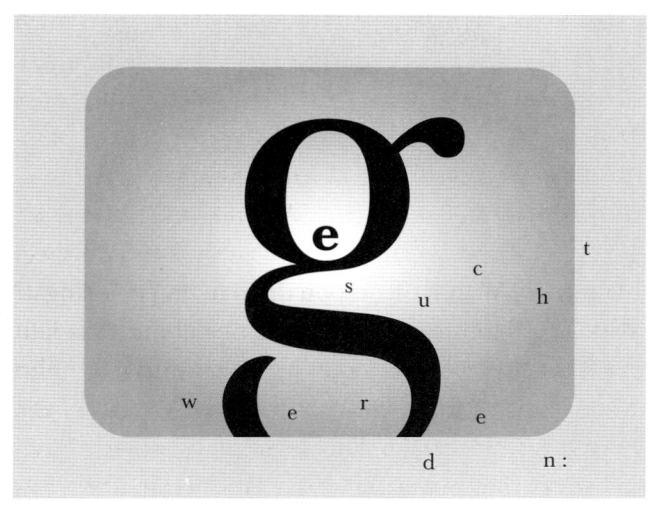

v

r

o

e

l

r

n

e

e

W

r

e

o

t

Der keusche Josef oder der Heftling

EIN THEATERSTÜCK

PERSONEN:

Der Herr Professor,
über 60

Die Frau Professor,
unter 30

Josef, über 17,
aber unter 19

PROFESSOR (mit Vollbart und Kneifer):
Köstlich war die dampfende Mahlzeit, die du, vortreffliche Hausfrau, mir brietest. Gerne nun würde der Ruhe ich pflegen, leider doch muß ich des Bleibens entraten.

FRAU PROF.: Mit anderen Worten, du willst wieder gehen?

PROFESSOR: Das Wollen hat hier sekundäre Bedeutung, das Müssen ist das, was mich schmerzlich berühret . . . Eine wichtige Lehrerkonferenz erheischt meine Anwesenheit. – Jedoch, in einer schwachen Stunde bin ich wieder bei dir!

FRAU PROF.: Das freut mich, Edi!

PROFESSOR: Dann ist es gut! Oder wie sagt schon der Lateiner? Er sagt: sub aqua, sub aqua, maledicere temptant!

FRAU PROF.: Gewiß, Edi!

PROFESSOR: Halt, noch eins! In Bälde wird der Primus meiner Prima erscheinen, um mir die Klassenhefte zu übergeben, auf daß ich sie korrigiere. Empfange du sie und ihn, und sei freundlich zu dem jungen Mann! Sein Vater ist Oberpostsekretär!

FRAU PROF.: Ich werde freundlich zu ihm sein. Vielleicht kriegen wir dann die Briefmarken billiger?!

PROFESSOR: Eben! (blickt aus dem Fenster) Doch schau! Es naht bereits der Jüngling mit den Heften! Adieu! (ab)

FRAU PROF.: Adieu, Edi!

– Kurze Pause –

JOSEF (auf mit Heften unter dem Arm. Bleibt an der Tür stehen)

FRAU PROF.: Aber so kommen Sie doch näher!

JOSEF: Ich bin der Heftling.

FRAU PROF.: Was, bitte, sind Sie?

JOSEF: Ich bin der Jüngling mit den Heften.

FRAU PROF.: Ach so, legen Sie sie nur dorthin.

JOSEF: (tut es, will ab) Auf Wiedersehn!

FRAU PROF.: Aber, aber! Warum denn so eilig? – Wie heißen Sie denn, Sie Schnellhefter?

JOSEF: Josef.

FRAU PROF.: Mit f oder ph?

JOSEF: Mit J.

FRAU PROF.: Josef ist ein schöner Name. – Nehmen Sie doch etwas Platz, Josef! – Trinken Sie eine Tasse Tee mit mir?

JOSEF: Nein, danke! Ich habe erst vorgestern Tee getrunken...

FRAU PROF.: (lächelnd) Ja dann...! – So setzen Sie sich doch wenigstens!

JOSEF: (bleibt stehen)

FRAU PROF.: Darf ich Ihnen einen Keks anbieten? Oder haben Sie keinen Appetit?

JOSEF: Danke! Ich bin im Moment völlig unappetitlich.

FRAU PROF.: Ich hörte von meinem Mann, Sie seien der Primus Ihrer Prima?!

JOSEF: Jawohl!

FRAU PROF.: Das ist ja prima ... Allerdings habe ich mir einen Primus immer viel feuriger vorgestellt...Wie alt sind Sie eigentlich?

JOSEF: Achtzehn.

FRAU PROF.: Sie sind so hübsch und noch so herrlich jung, Josef!…

JOSEF: Früher war ich *noch* jünger…

FRAU PROF.: Gefalle ich Ihnen gar nicht, Josef?

JOSEF: Doch, ganz nett…

FRAU PROF.: Haben Sie eigentlich schon mal geküßt, Josef?

JOSEF: Nein, das haben wir noch nicht gehabt…

Licht aus*

---

* Um Mißverständnissen vorzubeugen: dieses »Licht aus« heißt soviel wie »Vorhang zu« und nicht, daß die Frau Professor es jetzt lieber dunkel gehabt hätte…!

An einen Nichtschwimmer

Du kannst nicht schwimmen? Ah, deshalb kriegen
dich nicht Baldrian, nicht Kampfer
auf einen Dampfer!
Doch neulich hast du ein Flugzeug bestiegen!
Kannst du denn fliegen?…

Ein mytho-unlogisches Gespräch

A. Ich habe bei mir zu Hause ein Aktfoto hängen. Drunter steht »Die Ledige mit dem Schwein«. Kennen Sie das?

B. Sie meinen sicher »Die Leda mit dem Schwan«?

A. Ach ja, richtig! Ein Schwan kommt auch drauf vor! Und wer ist diese »Leda«?

B. Leda war die Mutter der »schönen Helena«.

A. Wieso »war«? Ist sie tot?

B. Aber natürlich!

A. Erzählen Sie mir doch mal was von der Familie!

B. Also das war so! Eines Tages schiffte sich Menelaus, der Gatte der Helena, nach Kreta ein.

A. Und Helena blieb zu Hause?

B. Ja, in ihrem Schlafgemach. In der Mitte stand ein großes Ruhebett und links der Armleuchter.

A. Ich denke, Menelaus war weg?

B. Nein, ein wirklicher Armleuchter stand da. – Und plötzlich wurde ihr Páris gemeldet!

A. Ach, der mit dem Apfel?

B. Bravo, woher wissen Sie denn das?

A. Na, Páris war doch der, der auf dem Berge Aida der Schönsten mit der Armbrust einen Apfel vom Kopf schoß!

B. Das verwechseln Sie leider mit Wilhelm Tell – aber immerhin! – Außerdem hieß der Berg Ida! – Na schön! Páris beschloß, Helena mit List zu erobern.

A. Ach, Klavierspielen konnte er auch?

B. Das weiß ich nicht! Jedenfalls aber nahm er sie mit nach Troja.

A. Ach so ja.

B. Und wissen Sie, wodurch Troja berühmt geworden ist?

A. Durch die Trojabohnen!

B. Nein, durch den Trojanischen Krieg! Die einstmals so stolze Stadt wurde völlig zerstört – und heute ist die Fläche, auf der sie stand, eben!

A. Eben!

Alte Weisheit

»'s ist schlimm,

wenn man alt wird«, das Alter spricht,

»aber schlimmer ist es,

man wird es nicht!«

Zum Abschied

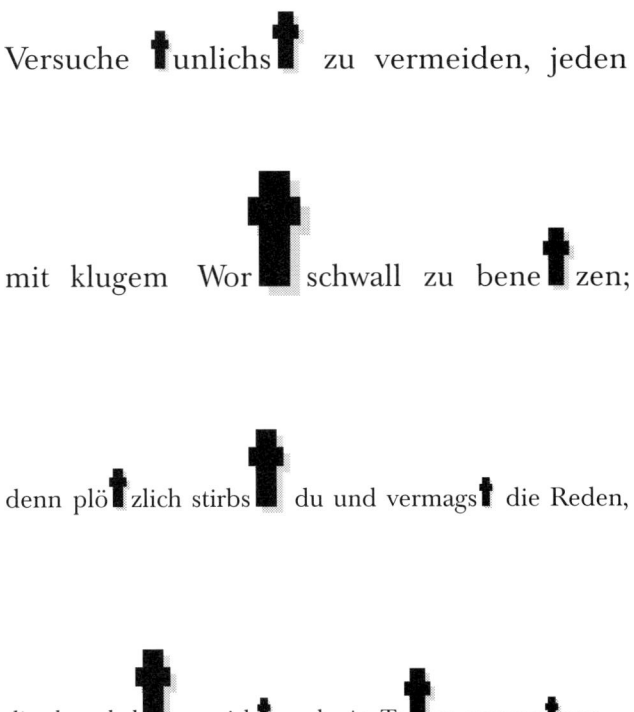

Versuche ✝unlichs✝ zu vermeiden, jeden

mit klugem Wor✝ schwall zu bene✝ zen;

denn plö✝zlich stirbs✝ du und vermags✝ die Reden,

die du gehal✝ en, nich✝ mehr in Ta✝ en umzuse✝ zen …

Noch'n Abschied

Es gibt so viele Abschiedslieder,
man hört im Funk sie immer wieder.
Meistens singt sie ein Tenor,
mal singt er mit, mal ohne Chor.
Ich hab ein wenig nachgedacht
und auch so'n Abschiedslied gemacht!
    Kehrreim:
Lebe wohl, adieu, auf Wiedersehn,
addio, tjüs, na denn, gehab dich wohl!
Nun hau schon ab! Viel Glück, bleib gesund,
ade, mach's gut, bis bald, Mahlzeit, Moin!
Ich kann auch auswärts: au revoir, bye-bye,
arrivederci, oder auch proschtschai!
Nun kommt noch: tschau und servus, na, und jetz'
fehlt nur noch das Zitat vom Götz!

Inhalt

Bei uns sind in gleicher Ausstattung erschienen:

Erhardt, Heinz

NOCH'N ERHARDT

156 S., geb., 12 x 19 cm

DM 16,80 öS 123,– sFr 16,–

ISBN 3-7716-2401-0

Erhardt, Heinz

NOCH'N GEDICHT

132 S., geb., 12 x 19 cm

DM 16,80 öS 123,– sFr 16,–

ISBN 3-7716-2403-7

Erhardt, Heinz

... UND VIERTENS

144 S., geb., 12 x 19 cm

DM 16,80 öS 123,– sFr 16,–

ISBN 3-7716-2404-5

FACKELTRÄGER-VERLAG

HANNOVER